Francuski
bez cenzury

Tytuł oryginału: **Vorsicht Französisch!**
Tekst oryginalny: **Eve-Alice Roustang-Roller**
Ilustracje: **Kyle Webster**

Tłumaczenie z języka francuskiego i adaptacja: **Ewa Kalinowska**
Tłumaczenie partii informacyjnych: **Anna Romaniuk**
Redakcja i korekta: **Sylwia Kozień-Zielińska**

Skład i łamanie: Illustris
Druk: Drukarnia Naukowo-Techniczna SA, Oddział Polskiej Agencji
    Prasowej

Original edition © APA Publications GmbH & Co. Verlag KG, Singapore
    Branch
Polish edition © 2008 Langenscheidt Polska Sp. z o.o.

Langenscheidt Polska Sp. z o.o.
ul. Grażyny 13
02–548 Warszawa
www.jezykibezcenzury.pl
redakcja@jezykibezcenzury.pl

ISBN 978-83-7476-580-0

SPIS TREŚCI

Gra wstępna

Pragniesz się poczuć naprawdę akceptowany we Francji? Chcesz się wmieszać w tłum i nie zostać rozpoznanym? Musisz znać nie tylko garść francuskich wyrażeń, lecz także slang, przekleństwa i lokalny żargon.

Francuski bez cenzury zawiera wszystko, czego potrzebujesz, aby we właściwy sposób odpowiedzieć Francuzowi. Nie znajdziesz tu żadnych ćwiczeń, odmian czasowników czy reguł gramatycznych, tylko francuski, którego używa się we Francji na co dzień – do opisywania najintymniejszych szczegółów (*parlons sex !*), do mówienia o komputerach, do pisania e-maili i SMS-ów albo do rozmów na czacie.

Co trzeba wiedzieć

Powinieneś/powinnaś już mieć opanowane podstawy francuskiego. Większość wyrażeń można stosować zarówno w odniesieniu do chłopaków, jak i do dziewczyn. Słowa lub zdania dotyczące tylko przedstawicieli płci męskiej oznaczono symbolem ♂, a żeńskiej ♀.

Jeśli nie masz pojęcia, jak się wymawia poszczególne słowa, i nie chcesz, żeby Cię wzięli za idiotę, wejdź na stronę **www.jezykibezcenzury.pl**. Tam znajdziesz nagrania wszystkich wyrażeń. Tylko lepiej nie słuchaj zbyt głośno...

Uważaj...

Najostrzejsze wyrażenia oznaczono symbolem termometru. Możesz więc łatwo ocenić, w jakim stopniu dane słowo jest obraźliwe.

🌡 Ostrożnie, dosyć mocne!

🌡 Stosować bardzo ostrożnie; słowo wyjątkowo obraźliwe, do wykorzystania tylko w ostateczności.

Masz tutaj do czynienia z francuskim, którym mówi się na co dzień, dlatego też postaraliśmy się o możliwie dokładne polskie tłumaczenie, abyś wiedział/wiedziała, w jakiej sytuacji możesz użyć danego słowa lub wyrażenia, a w jakiej jest ono absolutnie nie na miejscu.

4

Znajdziesz tu też następujące symbole:

Bez cenzury — Bardzo wulgarny lub pikantny slang

FAKTY — Suche fakty – szczera prawda, choć trudno w to uwierzyć

 Warto wiedzieć — Porady kulturowe

I na koniec

Język ciągle się zmienia. Co jest modne dzisiaj, jutro może być już *passé*. Jeśli więc czytając tę książkę, znajdziesz coś absolutnie przestarzałego albo jeśli znasz jakieś ciekawe słowo, o którym zapomnieliśmy, napisz do nas: redakcja@jezykibezcenzury.pl.

Ta książeczka nie bez powodu nosi tytuł *Francuski bez cenzury*. Słowa i wyrażenia w niej zawarte zupełnie nie nadają się do tego, by je stosować w obecności rodziców, nauczycieli, starszych kuzynów czy potencjalnych teściów. Jej zawartość jest mocno niecenzuralna. Jeśli chcesz tak mówić... mów! Ale na wszelki wypadek zaznaczamy, że za ewentualne skutki używania takiego języka, na przykład bójki, awantury czy też problemy z policją, wydawnictwo nie ponosi żadnej odpowiedzialności.

PODSTAWY

*P*ozdrowienia i nawijki – od klasycznych do trendy.

- ◆ *Przywitaj się... i pożegnaj.*
- ◆ *Zapytaj, jak leci.*
- ◆ *Pogadaj o mniej lub bardziej ciekawych rzeczach.*

Zrób pierwszy krok

Masz już dość zwykłego „bonjour"? Spróbuj czegoś nowego!

Salut !
Cześć!
Krótko i uprzejmie.

Salut, ça va ?
Cześć, jak leci?
Opuść „Salut" i masz nowe pozdrowienie!

Hello !
Cześć! Elo!
Powiedz to po francusku z akcentem na ostatnią sylabę i bez h.

Hé !
Hej!
Szybki sposób, aby zwrócić na siebie uwagę.

Nawiąż kontakt...

- **Hé !** Hej!
- **Salut, ça va ?*** Cześć, jak leci?
- **Ça va.** Dobrze.

* Pytanie „Ça va?" to skrócona wersja „Comment ça va?" (Jak leci?).
Odpowiedź natomiast to skrót od „Ça va bien" (W porządku.).

Warto wiedzieć

Przygotuj buźkę! Na powitanie Francuzi mówią „Salut" i całują się w oba policzki – w Paryżu znajomi całują się po jednym razie w każdy policzek, w niektórych regionach Francji po dwa razy: w lewy, w prawy, w lewy i znowu w prawy. Robią tak zarówno kobiety, jak i mężczyźni. Ale uwaga: przy pierwszym spotkaniu nie całujemy się, podajemy tylko dłoń.

Jak leci?

Jeśli chcesz obracać się wśród Francuzów, dowiedz się najpierw, jak się mają. Możesz ich zapytać... a potem odpowiedzieć w następujący sposób:

– Quoi de neuf ? Co nowego?
– Pas grand chose. Nic takiego (nic specjalnego).

– Ça boume ?* Co słychać (dobrego)?
– Super ! Super! Doskonale!
* dosł. Wybuchnie? „Boum" naśladuje odgłos eksplozji.

– Ça cartonne ? Wszystko jasne?
– Carrément ! Jak najbardziej!

– Ça va ? Jak leci?
– Bien. Dobrze. W porządku.

– Ça gaze ?* Jak tam?
– Comme ci, comme ça./Ça va mollo. Ni tak, ni siak./Pomalutku.
* dosł. Silnik włączony?

– Ça roule ?* Wszystko w porządku?
– Super ! Super! Doskonale!
* dosł. Toczy się?

FAKTY Nastolatki z przedmieść Paryża używają *verlan* – slangu, który ma na celu dezorientację osób nienależących do ich środowiska. Polega na przestawianiu sylab i liter, zmianach samogłosek zwykłych wyrazów. Na przykład *café* to *féca*, *métro* to *tromé* itd. Większość młodych ludzi używa *verlan* dość często, ale prawie nikt nie mówi tylko tym slangiem. Zrozumienie *verlan* jest dość trudne, ale podstaw przydatnych na co dzień można się nauczyć bez większego kłopotu.

Nie zawsze jednak jest pięknie...

Tak możesz odpowiedzieć na „Ça va?":

Non, pas trop.	Nie za bardzo.
Mal.	Źle.
Pas du tout.	Kiepsko.
J'ai pas la pêche.	Nie mam szczęścia.
J'ai la poisse.	Mam pecha.
J'ai pas de pot en ce moment.	Nie wiedzie mi się teraz./Nie mam teraz fartu.
J'ai le moral à zéro.	Mam fatalny nastrój.
J'ai le cafard.	Mam straszną deprechę.
Je suis en pleine déprime.	Mam dołek./Jestem w dołku.
Je suis stressé.	Jestem zestresowany.

Szybkie pożegnania

Co, już lecisz? Poniżej znajdziesz kilka dobrych tekstów na pożegnanie…

Ciao !/Tchao !
Ciao!
Włoskie „Ciao" jest tak popularne, że Francuzi przyjęli to wyrażenie, tworząc dla niego francuską pisownię.

Bye-bye !
Bye!
Tak jak po angielsku!

À plus !
Cześć! Na razie! Nara!
(tylko na pożegnanie; używa się, kiedy następne spotkanie ma nastąpić dość szybko) Skrócona forma od „à plus tard".

À tout' !

Cześć! Na razie! Nara!

(tylko na pożegnanie; używa się, kiedy następne spotkanie ma nastąpić dość szybko) Szybki, uprzejmy sposób na powiedzenie „à tout à l'heure".

À c't aprèm !

Do popołudnia!

Skrócona forma od „à cet après-midi".

Bomba!

W ten sposób wyrazisz swoje uznanie...

C'est...	To jest…
chouette !	fajne!
génial !	genialne!
sensass !	wspaniałe!
super !	super!
cool !	cool!
extra !	ekstra! nadzwyczajne!

Jeśli na początku doda się „super-", „hyper-" albo „mega-", całość będzie jeszcze bardziej sugestywna: „Hypercool! Megacool! Supercool!".

Do kitu!

Gdy wszystko idzie nie tak...

C'est...	To jest…
con !	do dupy!
trop con !	zupełnie/całkiem do dupy!
archicon !	do arcydupy!
chiant !	gówniane!
pas possible !	niemożliwe!

Od ZAKOCHANIA
do ODKOCHANIA

Gdy się chce kogoś poderwać albo spławić, warto znać odpowiednie teksty.

- ◆ *Poderwij przystojniaka albo jakąś laskę.*
- ◆ *Poflirtuj z kimś.*
- ◆ *Spław ofiarę losu.*
- ◆ *I opanuj kilka wypasionych określeń „dziewczyny" i „chłopaka".*

Jak poderwać?

Nie strać okazji do poderwania jakiegoś przystojniaka albo niezłej laski tylko dlatego, że nagle zapomniałeś/zapomniałaś języka (francuskiego) w gębie. Poćwicz te niezawodne teksty, a odniesiesz sukces!

Vous voulez vous asseoir ?
Czy zechce Pani usiąść?

Czyni cuda w barze albo w metrze.

Je t'offre un verre ?
Mogę ci postawić drinka? Napijesz się (czegoś)?

Trzeba wyglądać na pewnego siebie, kiedy wypowiada się to zdanie.

T'es* trop sexy.
Jesteś sexy./Kręcisz mnie.

Idealny komplement w barze czy klubie.

T'es trop beau/belle.
Jesteś piekny/piękna.

T'as* une sihouette parfaite.
Masz świetną figurę.

T'as de beaux yeux.
Masz piękne oczy.

Ochota na mały flirt?

– **Je t'offre un verre ?** Napijesz się (czegoś)?
– **OK, pourquoi pas.** Dobra, czemu nie?

---

* „*T'es*" to szybszy i prostszy sposób na powiedzenie „*tu es*": jesteś.
„*T'as*" to szybszy i prostszy sposób na powiedzenie „*tu as*": masz.

Warto
wiedzieć

Poniższe zwroty są wyjątkowo mało oryginalne, ale idealnie się nadają dla kogoś z dużym poczuciem humoru. Kto wie? Może zadziałają, kiedy Ty ich użyjesz?

On se connaît ?
Czy my się nie znamy?

Pardon, tu sais où est la poste ?
Przepraszam, czy wiesz gdzie jest poczta?
Wypróbuj, jak zobaczysz przystojniaka lub laskę na ulicy.

Tu es mannequin ?
Czy jesteś modelką?
Zdziwisz się, jak to działa.

Bez cenzury

Uważasz, że ktoś jest sexy? Powiedz mu to!

Tu es...	Jesteś...
adorable.	milutki (milutka).
mignon. ♂	słodka.
canon.	wystrzałowy (wystrzałowa).
un bon coup.	bomba.
sexy.	sexy (seksowny, seksowna).
à tomber. ♂	zabójczy.
bonne. ♀	niezła.
chaude. ♀	kusząca/podniecająca.

FAKTY

Jeśli nie chce się zostać wziętym za turystę, zamiast klasycznego „oui" trzeba koniecznie wypróbować jeden z następujących zwrotów: „ouais" (wymawiaj „ue"), „d'acc" (skrócona forma od „d'accord", zgoda), „OK". Mimo że wielu Francuzów broni się przed używaniem angielskich słów, „OK" jest bardzo rozpowszechnione – wymawia się je po francusku „okè". Voilà.

Chcesz się kogoś pozbyć

Spław kogoś skutecznie, oczywiście po francusku! Wolisz łagodnie czy ostro? Wybierz coś z poniższych propozycji!

Merci, mais j'attends quelqu'un.
Dziękuję, czekam na kogoś.
On/ona na pewno zrozumie aluzję.

Vas voir ailleurs si j'y suis !
Sprawdź, czy nie ma mnie gdzie indziej!
Dość jasny przekaz!

Casse-toi !
Płyń! Spadaj! Odwal się!
Niezbyt uprzejmie, ale jasno i wyraźnie.

Vas te faire foutre !
Spierdalaj!

Dégage !
Spieprzaj!

Tu t'es pas regardé ! 🌡
Popatrz na siebie!
Odpowiedź nie pozostawiająca żadnych wątpliwości.

Masz na coś ochotę? Przygotuj się na...

– **T'es trop sexy.** Ale jesteś sexy!
– **Casse-toi!** Spadaj!

Zerwanie

Odkochałeś się? Odkochałaś się? Jak zerwać? Zobacz poniżej.

Ça va pas être possible.
To już niemożliwe.

C'est fini entre nous.
Między nami koniec.

Soyons amis.
Pozostańmy przyjaciółmi.

Je/J'...	(Ja...)
romps avec toi.	zrywam z tobą.
ai cassé avec lui.	zerwałam z nim.
la jette.	zostawiam ją.
le largue.	spławiam go.
Elle l'a plaqué.	Zostawiła go.

Warto wiedzieć

W dzisiejszych czasach najmniej kłopotliwym sposobem zakomunikowania komuś o zerwaniu jest wysłanie SMS-a. Masz dość swojego chłopaka lub swojej dziewczyny? Prześlij mu/jej po prostu następujący „tekścik"...
SMS: **:---)* Je t'm +. C ni**

Wyjaśnienie po francusku: **Tu es un menteur. Je ne t'aime plus. C'est fini.**

Po polsku: Jesteś kłamcą. Nie kocham cię już. Koniec z nami.

* Ten emotikon – uśmiech z długim nosem – oznacza kłamcę.

Bez cenzury

Kilka niewybrednych epitetów, którymi można obrzucić ex...

T'es une ordure.	Jesteś świnią/obrzydliwy.
T'es un sale type !	Jesteś paskudnym typem.
Con !	Dupek! Skurwysyn!

T'es...	Jesteś... (do mężczyzny)
un minable. ♂	żałosny/palantem.
un pauvre type. ♂	godny pożałowania.
nul. ♂	do niczego/zerem.
un salaud. ♂	łobuzem/draniem.
un espèce d'enculé. ♂	pieprzonym typem/pedałem.

T'es une...	Jesteś... (do kobiety)
pouffiasse. ♀	dziwką/suką.
salope. ♀	szmatą.

Jakiś problem?

– **Ça va pas être possible.** Między nami koniec
(to już niemożliwe).
– **Va te faire foutre ! T'es une vraie ordure.**
Idź do cholery! Niezła z ciebie świnia.
lub:
– **Bon. Soyons amis.** Dobra. Zostańmy
przyjaciółmi.

Dziewczyny, dziewczyny, dziewczyny

Opisując egzemplarz płci pięknej, ma się do dyspozycji trochę więcej słów niż tylko „femme":

une nana/nénette	dziewczyna/laska/kobitka
une meuf	kobieta/kobitka
	To verlan od słowa „femme".
une gonzesse	panna, panienka (iron.)/dziewucha
une mémé	starsza pani, babcia
	Używaj tylko, gdy ktoś jest naprawdę stary. I nie obawiaj się — to zaledwie średnio obraźliwe słowo.

Faceci & Co.

A tak można określić płeć brzydką:

un type	typ/typek/facet
un gars	chłopak
	To skrócona forma od „garçon".
un mec	chłopak
un gaillard	koleś, gość
un pépé	starszy pan, dziadek
	Używaj tylko, gdy ktoś jest naprawdę stary. I nie obawiaj się — to zaledwie średnio obraźliwe słowo.

MIŁOŚĆ i SEKS

*J*ak mówić o namiętności.

- ◆ *Jest romantycznie – od całowania do seksu.*
- ◆ *Zrobiliśmy to – jak to wyrazić?*
- ◆ *Nazwij kogoś „swoją żabką", jeśli jesteś naprawdę zakochany/zakochana…*
- ◆ *Rozmawiaj o ciąży, AIDS itd.*

Motylki w brzuchu?

Wyrażenia, których potrzebujesz, aby opowiedzieć o swojej nowej znajomości...

Zaczyna się całkiem przyjemnie...

Ce mec me branche.
Ten facet mnie kręci.

Cette fille, je la kiffe.
Jestem napalony na tę dziewczynę.

Robi się romantycznie...

J'ai flirté avec lui.
Flirtowałam z nim./Uwodziłam go.

Je suis sorti avec elle.
Spotkaliśmy się (dosł. wyszliśmy razem).

Je lui ai roulé un patin.
Całowaliśmy się z języczkiem (dosł. zaserwowałem jej/zaserwowałam mu całuska).
To tzw. francuski pocałunek.

I w końcu... seks!

On s'est mis à poil.
Rozebraliśmy się (do golasa, do rosołu).

On a pris notre pied.
Szczytowaliśmy./Mieliśmy orgazm (dosł. zabraliśmy się do rzeczy).
Powiedz to, puszczając oko.

I dla tych, co nie mają szczęścia w miłości...

Elle m'a allumé.
Rozpaliła mnie./Podnieciła mnie.

Możesz wprawdzie stosować „allumer" w odniesieniu do obu płci, jednak częściej mówi się tak o kobietach. „Une allumeuse" oznacza flirciarę — a więc na pewno chodzi o płeć piękną!

J'ai fait la traversée du désert.
Męczyłem się na darmo (dosł. przeszedłem przez pustynię).

Czy ta susza już minęła?

Czułe słówka

„Moja żabko", „mój króliczku" brzmią po francusku bardzo miło...

Tu es...	Jesteś...
mon amour.	moim skarbem (dosł. moją miłością).
mon chéri/ma chérie.	moim ukochanym/moją ukochaną (dosł. najdroższym/najdroższą).
	Klasyki:
mon bébé.	moją dziecinką.
mon cœur.	moim kochaniem (dosł. moim sercem).
mon chou.	moim ulubieńcem (dosł. moją kapustką).
mon lapin.	moim koteczkiem (dosł. króliczkiem).
mon trésor.	moim skarbem.
ma biche. ♀	moją sarenką.
ma poule/	
ma cocotte. ♀	moją sikoreczką, moim dzióbaskiem (dosł. kurką).
mon coco. ♂	moim kogucikiem.
	„Coco/cocotte" to odgłos wydawany przez koguta/kurę.

Ochota na grę wstępną?

– **Je peux t'embrasser ?** (Czy) mogę cię pocałować?
– **Bien sûr, mon cœur !** Ależ tak (oczywiście), kochanie.

Bezpieczny seks

Te zwroty mogą się przydać...

J'utilise… Używam…
des capotes. gumki.
la pilule. pigułki.
un diaphragme. kapturka.

Łóżkowe historie

– **Tu prends la pilule ?** Bierzesz pigułkę?
– **Non. Mets une capote.** Nie, załóż gumkę.

AIDS itd.

Zadaj właściwe pytanie, zanim zrobi się za gorąco!

Tu as fait un test HIV ?
Zrobiłeś/zrobiłaś test na HIV?

Tu as... ? Czy masz...?
l'hépatite zapalenie wątroby
de l'herpès opryszczkę/liszaj
la syphilis kiłę/syfilis
le SIDA AIDS

Tu devrais aller chez le toubib.
Powinieneś/powinnaś pójść do lekarza.

Małe świństewka

Byliśmy grzeczni – do tej pory! Poniżej kilka użytecznych zwrotów...

N'oublie pas tes...   Nie zapomnij swoich/swojej...
films X/films porno.   filmów porno/pornosów.
dessous sexy.   seksownej bielizny.
menottes.   kajdanek.

Ciąża?

O kobiecie, która spodziewa się potomstwa...

Elle est enceinte.
Ona jest w ciąży.
Najprostszy sposób, aby powiedzieć, że dziewczyna jest w ciąży.

Marie est en cloque. 🌡
Maria jest przy nadziei/w błogosławionym stanie.
Z sarkazmem w głosie.

Jean a mis sa copine enceinte.
Dziewczyna Jeana jest z nim w ciąży.

David a engrossé sa copine. 🌡
Dawid zapłodnił swoją dziewczynę.
W tym przypadku chyba nie było to planowane...

Il lui a flanqué un gosse. 🌡
Zmajstrował/Zrobił jej dzieciaka.
Niezbyt sympatyczne określenie.

Bez cenzury

Zrobiliśmy to. Tak można opowiadać o najwspanialszej rzeczy na świecie:

Nous...   (My)...

avons eu des rapports sexuels.   mieliśmy stosunki płciowe.
                                         *Z medycznego punktu
                                         widzenia.*

avons passé la nuit ensemble.   spędziliśmy razem noc.
                                         Oględnie powiedziane.

avons couché ensemble.   spaliśmy ze sobą.
                                         Chyba nikt tam nie spał...

avons fait l'amour.   kochaliśmy się.
                                         Jak romantycznie!

avons baisé/avons niqué.   pieprzyliśmy się/bzykaliśmy
                                         się.
                                         Dosadnie, ale trafia w sedno.

i jeszcze:

Je/J'...   (Ja...)

me suis envoyé en l'air.   zaliczyłem numerek (dosł.
                                         fruwałem).
                                         Prawdziwe szczęście.

ai dormi chez lui.   spałam u niego.
                                         Kto wie, co tam się działo...

ai tiré un coup.   zaliczyłem ją/bzyknąłem ją.

l'ai pénétrée.   miałem ją (dosł. wszedłem
                                         w nią).

23

SPORT i ZABAWY

Sport i gry po francusku? Żaden problem! Na stadionie czy w hali, na boisku czy z joystickiem w dłoni – nie pozwól, aby inni wyśmiewali Twój francuski!

- ◆ *Zagrzewaj swoją drużynę i ubliżaj przeciwnikom.*
- ◆ *Rozmawiaj o piłce nożnej – Francuzi ją kochają.*
- ◆ *Poć się w siłowni, używając języka fitnessu.*
- ◆ *Baw się żargonem gier wideo.*
- ◆ *Spróbuj szczęścia, zagraj w karty.*

Okrzyki bojowe

Kibice, czyli „les supporters", są nieodłącznym wsparciem każdej drużyny. Tak można zagrzewać swoją drużynę do walki:

Allez !
Dalej!

On y va !
Dalej! Do przodu!

Tous ensemble !
Wszyscy razem!

Bouffez-les !/Explosez-les !
Zniszczyć ich! Skopać ich!

On est les champions !
Jesteśmy mistrzami!

Okrzyki pochwalne

Stosuj poniższe zwroty, gdy Twoja drużyna zasłużyła na pochwałę po wspaniałej akcji lub strzeleniu pięknego gola.

Bravo, le gardien !
Brawo bramkarz!

Divin, ce drible !
Piękny (boski) drybling!

Magnifique passe !
Piękne (wspaniałe) podanie!

Extra, ce but !
Ekstra bramka (gol)!

Quel match génial !
Co za genialny mecz!

Obelgi

Pamiętaj, że kibic ma również obowiązek obrzucania wyzwiskami sędziego (l'arbitre) oraz ubliżania przeciwnikowi (l'adversaire)!

Vendu, l'arbitre !
Sędzia kalosz! Sprzedany!

Retourne au vestiaire ! Aux chiottes !
Wracaj do szatni! Do sracza!

Immanquable !
Gdzie ta bramka? (w sytuacji, gdy niemal pewna bramka nie pada)

Va te coucher/rhabiller !
Idź się położyć/się ubrać!

Quel nul !
Dupek! Zero!

Il n'a pas fait le voyage pour rien !
Nie za darmo przyjechał!

Quel enculé/Quel merde, ce joueur !
Co za pedał, co za wał z tego gracza!

Putain !/Putain de merde !
Do jasnej/ciężkiej cholery (dosł. kurwa, kurewskie gówno)!

To uniwersalne przekleństwo, używane nie tylko do wyrażania sportowych emocji, jest znowu na czasie i już prawie zastąpiło klasyczne „merde".

Kocham piłkę nożną

Piłka nożna jest jednym z ulubionych sportów Francuzów, którzy uwielbiają zarówno w nią grać, jak i ją oglądać. „Les Bleus", niebieskich, narodową drużynę Francji, Francuzi kochają. Przyłącz się!

Mets...	Załóż...
un maillot.	kostium.
un short.	spodenki.
des protège-tibias.	ochraniacze.
des crampons.	kolce.

Fais une passe !
Podaj (piłkę)!

Attention au numéro quatre !
Uwaga na numer czwarty!/Uwaga na czwórkę!

Dégueulasse !
Do niczego! Dupa!

Penalty !
Karny!

But !
Bramka! Gol!

> *„Kop" to fanatyczni kibice francuskich drużyn sportowych – malują twarze w barwy swojej drużyny, podczas meczu machają flagami, wstają, by okazać radość ze wspaniałej akcji lub wygwizdać przeciwnika bądź niesłuszne decyzje sędziego.*

Ale życie to nie tylko piłka nożna...

Je fais...	Uprawiam…
du vélo.	jazdę rowerem (kolarstwo).
du jogging.	jogging/biegi.
du roller.	jazdę na rolkach.
du skate.	jazdę na deskorolce.
du surf.	surfing.
de la natation.	pływanie.

Tu veux jouer au... ?	Zagrasz w...?/Chcesz zagrać w...?
basket	kosza
tennis	tenisa
volley	siatkówkę

Sporty ekstremalne

Masz ochotę na doznania ekstremalne?

Je veux faire...	Chcę...
du saut en parachute.	skakać ze spadochronem.
du kayak.	pływać kajakiem.
de l'alpinisme.	uprawiać alpinizm (wspinać się).
du rafting.	uprawiać rafting.
du saut à l'élastique.	skakać na bungee.

Jesteś gotowy/gotowa na wyzwanie?

– **Tu veux faire du saut en parachute ?** Chcesz skoczyć ze spadochronem?
– **Pas question !** Nie ma mowy!
– **J'adorerais ça !** Bardzo bym chciał(a)!

Trening

Bądź aktywny/aktywna! Trenuj francuskie słownictwo związane z fitnessem!

Je peux faire des haltères ?	Czy mogę podnosić ciężary?
Je peux utiliser... ?	Czy mogę skorzystać z... (użyć...)?
le vélo de salle	roweru stacjonarnego
le rameur	kajaka, wiosełek (na „sucho" – w siłowni)
le tapis de course	bieżni ruchomej
Tu veux essayer... ?	Chcesz spróbować...?
la boxe française*	francuskiego boksu*
le judo	judo
le karaté	karate
le vélo sur piste	kolarstwa torowego
le taï-chi-chuan	tai chi
l'aqua gym	gimnastyki wodnej
le yoga	jogi
Je dois...	Muszę…
m'échauffer.	rozgrzać się.
m'étirer.	rozciągnąć się (porozciągać się).
ralentir.	zwolnić.

* We francuskim boksie ciosy można zadawać również nogami.

Prêt-à-porter

Francuzi bardzo zwracają uwagę na wygląd – nawet gdy uprawiają sport. Poniżej kilka informacji na temat odpowiedniego stroju sportowego.

Tu as... ?	Czy masz...?
une brassière	podkoszulek
un suspensoir	suspensorium
un débardeur	koszulkę/top
un tee-shirt	koszulkę sportową
un sweat-shirt	bluzę
un survêtement/ survêt/un jogging	dres

„Survêt" to skrócona forma od „survêtement".

des tennis/des baskets   buty sportowe

I nie daj się złapać w niewłaściwym stroju!

Regarde, il porte... !	Popatrz, on ma...!
un bandeau	opaskę
des jambières	getry
des chaussettes noires et des tennis	czarne skarpetki i buty sportowe

Warto wiedzieć

We Francji moda na fitness zaczęła się stosunkowo niedawno. Kluby fitness stają się coraz bardziej popularne, przede wszystkim w dużych miastach. Oprócz istniejącej od dawna sieci „Gymnase club" z bogatą ofertą sportową, otwierane są inne studia fitness. Znany na całym świecie „Club Med" otworzył własną sieć „le Club Med gym". Także „Moving" staje się we Francji coraz bardziej popularny.

W formie czy wykończony?

Jak się czujesz po treningu?

Dobrze...

J'ai la pêche.
Jestem nabuzowany/pełen energii.

Je suis en forme.
Jestem w formie.

Je pète le feu.
Rozpiera mnie energia (dosł. pierdzę ogniem).

Okropnie...

J'ai un coup de pompe/de barre.
Jestem wypompowany/wypluty.

Je suis naze.
Jestem wykończony/do niczego.

Je suis crevé/mort.
Jestem padnięty/półżywy/zdechły.

J'en peux plus.
Nie mogę już więcej.

J'ai des courbatures.
Mam skurcze.

Je suis cuit.
Jestem ugotowany.

Je suis moulu.
Jestem zmordowany.

Je peux plus bouger.
Nie mogę się ruszać.

J'en ai plein le dos/le cul.
Mam już dosyć/mam już potąd (dosł. ciężko mi od tego na grzbiecie, mam tego po dziurę w dupie).

Gry wideo

Jeśli jesteś fanem gier wideo, nie będziesz miał/miała większych problemów, chcąc porozmawiać o tym po francusku – wiele wyrażeń brzmi tak samo w języku angielskim czy polskim. Francuzi przejęli sporo angielskich słów na określenie sprzętu, wyposażenia oraz poleceń.

Où est... ?	Gdzie jest…?
l'ordinateur	komputer
le joystick	joystick
la Xbox®	Xbox®
On joue... ?	Zagramy…?
aux jeux vidéo	w gry komputerowe
à la gameboy®	na gameboyu
à la gamecube™	na gamecubie
à la playstation®	na playstation
Tu aimes les jeux... ?	Lubisz gry…?
d'action	akcji
d'aventure	przygodowe
de sport	sportowe

FAKTY

Piłka nożna jest we Francji tak popularna, że gra się w nią zarówno na boisku, jak i w domu. „FIFA Soccer" to jedna z ulubionych gier komputerowych: jest się w niej trenerem, który prowadzi swoją drużynę przez rozgrywki i mistrzostwa. Kupuje się odpowiednich graczy, opracowuje najlepszą strategię gry oraz kieruje drużyną podczas meczu. „FIFA Soccer" jest co roku aktualizowana, zawiera zabawne komentarze i niezłą ścieżkę dźwiękową.

Graj z nami!

Powiedz coś podczas gry!

Vise !
Celuj!

Tire !
Strzelaj!

Tue-le !
Rozwal go (dosł. zabij go)!

Fonce !
Dawaj!

Saute !
Skacz!

Marque !
Strzelaj!

Il me reste une vie ?
Mam jeszcze jedno życie?

Rallume !
Jeszcze raz!

Game over.
Game over. Gra skończona.

Hazard

Spróbuj szczęścia!

Tu veux... ?	Chcesz...?
parier	założyć się
miser	postawić
risquet le paquet	zaryzykować stawkę
jouer à pile ou face	zagrać w orła i reszkę

Tu as... ?	Czy...?
perdu au jeu	przegrałeś
tout perdu	wszystko straciłeś
remporté la mise	wygrałeś kolejkę

Karty

Wypróbuj kilka karcianych powiedzonek!

Tu veux jouer... ?	Czy chcesz zagrać...?
aux cartes	w karty
au rami	w remika
au poker	w pokera

On se fait... ?	Zagramy...?
une belote*	w belotkę
un tarot	w tarota

---

* „Belote" (belotka) od prawie 100 lat jest uznawana we Francji za nieoficjalną grę narodową. Jest tak lubiana, że grają w nią nawet bohaterowie filmów gangsterskich. Zasady nie są trudne, a cel jest prosty – trzeba zdobyć jak największą liczbę punktów.

Przejmij kontrolę podczas gry...

J'ai la main.
Moja kolej/kolejka.

Tu veux couper ?
Przekładasz?

Je me couche.
Wykładam.

Co mówią karty

Francuzi tak bardzo upodobali sobie grę w karty, że stosują na co dzień kilka karcianych powiedzonek.

Abats tes cartes !
Wyłóż swoje karty!

Joue cartes sur table !
Graj w otwarte karty!

Ne brouille pas les cartes !
Nie mieszaj w kartach!

C'est ta dernière carte.
To twoja ostatnia szansa (dosł. ostatnia karta).

 Na tarota można się natknąć we Francji nie tylko u wróżki. Jest to bardzo stara i popularna gra. Do francuskiego tarota używa się specjalnych kart: do normalnej talii, składającej się z 52 kart, dodaje się 4 kawalerów – umieszczanych między waletem a damą, oraz 21 atutów oznaczonych numerami od 1 („le petit", mała) do 21 („le 21"). Wygrywa ten, kto zdobędzie największą liczbę punktów. Najlepsza strategia polega na trzymaniu się „szlachty": waletów, dam i króli. Spróbuj sam albo zapisz się do jednego z wielu internetowych klubów tarota.

ZAKUPY

*O*dpowiednio przygotowany/przygotowana wpadnij w szał zakupów!

◆ *Kupuj jak profesjonalista.*
◆ *Zwroty dla polujących na okazje i podążających za modą.*

Niedbały szyk czy elegancja retro?

Niezależnie od tego, jaki masz styl, szukaj najmodniejszych butików i najsłynniejszych domów towarowych!

Je cherche...	Szukam…
une boutique.	butiku.
un grand magasin.	domu towarowego.
un magasin de marques dégriffées.	sklepu z markowymi strojami/ubraniami.
une boutique d'articles d'occasion.	sklepu z używaną odzieżą.
une boutique de fringues vintage.	sklepu z używanymi rzeczami/szmateksu.
un marché aux puces.	pchlego targu.
un marché.	targu/bazaru.

On va faire des courses ?
Idziemy na zakupy?

Tu veux faire du lèche-vitrine ?
Chcesz pooglądać wystawy (dosł. lizać witryny)?

J'ai besoin de m'acheter des frippes/des fringues.
Muszę kupić sobie jakieś ciuchy/szmatki.

Warto wiedzieć

W Paryżu można nie tylko znaleźć najmodniejsze ubrania, ale też poznać najnowsze trendy w wystroju wnętrz sklepowych. Butiki urzekają stylem i elegancją, wiele ma własny, niepowtarzalny charakter (Lounge, Urban czy nawet Zen). Są w nich często kafejki, krzykliwe wystawy i DJ-e grający najnowsze hity. Można tam dostać ubrania najmodniejsze w danym sezonie, ale również takie, które będą na topie wkrótce. Na szczęście wiele z tych ciuchów można już kupić przez Internet!

W sklepie

Francja jest znana z wielkich, eleganckich, wypełnionych po brzegi najmodniejszymi ciuchami domów towarowych. Poniższe pytania pomogą się w nich odnaleźć i wytropić to, czego się szuka!

Où se trouve... ?	Gdzie jest...?
le rayon femme	dział dla kobiet
le rayon lingerie	dział z bielizną
le rayon homme	dział męski/dla mężczyzn
le rayon enfant	dział dziecięcy
la cabine d'essayage	przymierzalnia
le rayon chaussures	dział z obuwiem
le rayon parfumerie	dział perfumeryjny
le rayon bijouterie	dział z biżuterią
la caisse	kasa
le service clientèle	dział obsługi klienta
Où se trouvent... ?	Gdzie jest...?
les accessoires	dział z dodatkami
les toilettes	toaleta

Potrzebujesz pomocy? Zapytaj ekspedientkę („la vendeuse")!

– **Où se trouve la cabine d'essayage ?** Gdzie jest przymierzalnia?
– **Là-bas.** Tam.
– **Merci!** Dziękuję!

Choć z kart kredytowych korzysta się we Francji od dawna, Francuzi nadal chętnie płacą gotówką. Najczęściej używają „carte bleue" (dosł. niebieska karta). Większość kart jest akceptowana w prawie każdym sklepie.

 Zakupy we Francji sprawiają wprawdzie mnóstwo przyjemności, jednak nie zawsze okazują się proste. Jeśli przestaje się podobać niedawno zakupiona torba, tylko w niewielu sklepach można liczyć na zwrot gotówki. W najlepszym wypadku dostaje się bon na kolejne zakupy w danym sklepie. A poza tym należy decydować się dość szybko. Zazwyczaj na dokonanie wymiany jest tylko kilka dni.

Kto pyta...

Zabierz ze sobą portfel oraz absolutnie niezbędną listę przydatnych zwrotów…
i rozkoszuj się udanymi zakupami.

Où trouver... ?	Gdzie znaleźć (znajdę)...?
un pantalon pattes	spodnie dzwony
d'éléphant/pattes d'ef	(dosł. jak słoniowe nogi)
un pantalon taille basse	spodnie biodrówki
un polo	koszulkę polo
un pantalon moulant	obcisłe spodnie
des jeans	dżinsy
une mini-jupe	spódniczkę mini
une veste en cuir	skórzaną kurtkę
Je cherche...	Szukam...
un sac à dos.	plecaka.
des livres/magazines.	książek/ilustrowanych magazynów.
des CD/DVD.	płyt CD/DVD.
des B.D.	komiksów.
	B.D. to skrócona forma od „bande dessinée".
des cartes de vœux.	kartek z życzeniami.
... sont branché(e)s.	... są modne/są trendy.
Les pantacourts	Spodnie nad kostkę
Les rayures	Paski

... sont branché(e)s.
Les tee-shirts très décolletés
Les wonderbras

Les balconnets*

... są modne/są trendy.
Bardzo/mocno wycięte koszulki
Biustonosze wonderbra
(powiększające biust)
Biustonosze push-up
(podnoszące biust)

FAKTY We Francji, podobnie jak u nas, podatki są wliczone w cenę towaru. Płacisz więc cenę widniejącą na metce. Wyprzedaże, „soldes", odbywają się dwa razy w roku: w styczniu i czerwcu. W innych miesiącach są ustawowo zakazane. Mimo to na „promotions", czyli oferty specjalne, można się natknąć w każdym sklepie.

W dobrej cenie?

Potrzebujesz pomocy ekspedientki, a może chcesz tylko wyrazić swoje zdanie na temat absurdalnych cen? Poniżej znajdziesz odpowiednie zwroty.

C'est en solde ?
Czy to jest przecenione?

C'est combien ?
Ile to kosztuje?

Ça raque.
(To) sporo kosztuje.

C'est reuch.
To jest drogie .
„Reuch" to po prostu verlan od słowa „cher".

C'est trop cher !
To jest za drogie!

Vous me faites une remise ?
Czy dostanę rabat?

* To skrócona forma od „soutien-gorge à balconnets" (biustonosz typu balconette).

Vous me faites un prix ?
Czy mogę liczyć na zniżkę?

Quel bon plan !
To dobra okazja!

Quelle escroquerie !
Co za złodziejstwo!

Ça coûte la peau des fesses.
To jest cholernie drogie (dosł. kosztuje tyle, ile skóra na tyłku).

Je regarde.
Tylko patrzę/oglądam.

Je vais réfléchir.
Jeszcze się zastanowię.

Je reviendrai.
Jeszcze wrócę.

Targując się na pchlim targu...

- **C'est combien ?** Ile to kosztuje?
- **15 euros.** 15 euro.
- **Vous me le faites à 10 ?** A nie sprzeda pan/pani za 10?
- **Ah non. Ça en vaut au moins 30.** O nie, to jest warte co najmniej 30.
- **Je vous le prends à 12.** Kupię za 12.
- **D'accord.** Zgoda/OK.

Warto
wiedzieć

Jedynym miejscem, gdzie można wykorzystać umiejętność targowania się, są „les marchés aux puces" – pchle targi oraz „les marchés" – targi, bazary znajdujące się zazwyczaj pod gołym niebem i ciągnące się od dzielnicy do dzielnicy.

Masz do czynienia z uciążliwym sprzedawcą?

– **Bonjour, je peux vous aider ?** Dzień dobry, w czym mogę pomóc?
– **Je regarde, merci.** Dziękuję, tylko patrzę/oglądam.
– **D'accord.** Zgoda/OK.

Pieniądze, pieniądze, pieniądze...

O pieniądzach się nie rozmawia... ale przecież istnieje wystarczająco dużo innych określeń:

Passe-moi...	Daj mi...
du blé.	hajs.
du fric.	forsy.
du pèse.	szmalu.
du pognon.	kapuchy.
10 balles.	10 kawałków.

Zostać bankrutem

Brakuje Ci kasy?

Je suis fauché.
Jestem spłukany.

C'est la dèche.
Bieda.

Je peux te taper une pièce ?
Mogę ci zabrać pieniążek?

MODA

*P*rzeczytaj dokładnie ten rozdział, a dowiesz się, jak należy wyglądać
i brzmieć... po francusku!

◆ *Plotkuj o tym, co jest dozwolone w modzie, a co nie.*
◆ *Poznaj określenia wszystkich ciuchów znajdujących się w Twojej stylowej szafie.*
◆ *Wyraź swoje zdanie na temat makijażu i kosmetyków.*
◆ *Zmień swoją fryzurę.*
◆ *Rozmawiaj o operacjach plastycznych itd.*

En vogue

Jesteś trendsetterem/trendsetterką? Uważasz, że potrafisz wyczuć paryski styl? Wypróbuj poniższe zwroty...

Tu es tellement... !	Jesteś tak bardzo…!
in	na czasie
branché	trendy
tendance	stylowy/stylowa
BCBG*	stylowy/stylowa, szykowny/szykowna

Całkowicie passé

Nie bądź ofiarą wczorajszej mody!

Ce style est complètement...	Ten styl jest całkiem…
niais.	nie na czasie.
clinquant.	przestarzały.
ringard/dépassé.	niedzisiejszy.
tape à l'œil.	do niczego, aż oczy bolą.
Il aurait besoin de se relooker.	Powinien odświeżyć swój styl/zmienić swój image.

Warto wiedzieć

Co zakładają dziewczyny, wybierając się do dyskoteki? Chwyt polega na tym, żeby wyglądać seksownie, ale niezbyt wyzywająco oraz mieć na sobie coś wygodnego do tańca. Można zauważyć, że Francuzki częściej noszą spodnie niż spódnice, zwłaszcza spodnie ze stretchem. Top pasowałby do nich idealnie, mimo to większość dziewcząt unika ubrań odkrywających plecy, aby trzymać chłopaków na dystans. Jednak buty na wysokim obcasie to mus – są kwintesencją seksownego wyglądu. Chłopcy ubierają się standardowo: dżinsy, modna koszulka, skórzana kurtka i skórzane buty albo eleganckie tenisówki.

* BCBG to „Bon Chic Bon Genre", czyli elegancja i prawdziwy, klasyczny styl.

A teraz czas na ciuchy

Przyswój sobie ten „très chic" wizerunek!

une casquette de baseball
bejsbolówka

une veste en jean
kurtka dżinsowa

un tee-shirt moulant
obcisła koszulka

un jean
dżinsy

un slip
slipy

un pull
sweter

un caleçon
bokserki

une besace/un sac à bandoulière
torba na ramię

des pompes/des chouzes/ des écrase-merdes
buty, buciory, kłapaki
(dosł. rozdeptywacze gówna)

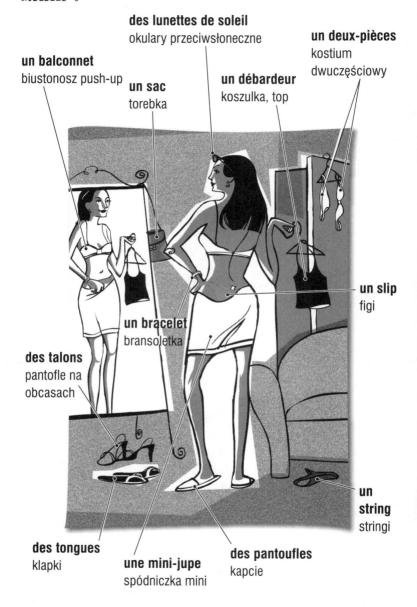

des lunettes de soleil
okulary przeciwsłoneczne

un deux-pièces
kostium
dwuczęściowy

un balconnet
biustonosz push-up

un sac
torebka

un débardeur
koszulka, top

un slip
figi

un bracelet
bransoletka

des talons
pantofle na
obcasach

**un
string**
stringi

des tongues
klapki

une mini-jupe
spódniczka mini

des pantoufles
kapcie

Zrób się na bóstwo!

Francuzki doszły do perfekcji w sztuce makijażu. Jeśli chcesz wyglądać równie szykownie, naucz się poniższych wyrażeń:

J'ai besoin de/d'...	Potrzebuję…
blush.	różu.
fond de teint.	podkładu.
eye liner.	konturówki do oczu.
ombre à paupières.	cieni do powiek.
gloss/rouge à lèvres.	błyszczyka/szminki.
mascara.	tuszu do rzęs.
poudre.	pudru.

W łazience

Nie zapomnij też o podstawowych kosmetykach… a Twój język pozostanie zawsze czysty i świeży!

J'ai besoin de...	Potrzebuję…
mon bain moussant.	płynu do kąpieli.
mon gel pour la douche.	żelu pod prysznic.
mon savon.	mydła.
mon déodorant.	dezodorantu.
ma crème.	kremu.
mes serviettes hygiéniques.	podpasek.
mes tampons.	tamponów.
ma trousse de toilette.	kosmetyczki.
pq.	papieru toaletowego.

Skrót „pq" jest trochę żartobliwy. Skrócona forma od „papier des cabinets" (papier toaletowy) brzmiałaby „pc". Natomiast „q" oznacza „cul" („papier pour le cul"– papier do pupy). Wyraz „cul" i literę q wymawia się identycznie.

Elle se refait une beauté.
Maluje się/upiększa się.

Elle se ravale la façade.
Pacykuje się.

Problem w łazience? Rozwiąż go...

– **Tu me passes mon savon ?** Podasz mi mydło?
– **Tiens.** Masz/proszę.
lub
– **Tu peux me savonner le dos ?** Czy możesz
namydlić mi plecy?
– **Bien sûr.** Ależ oczywiście.

FAKTY

Dobrej jakości, niedrogie produkty można kupić w każdym niewielkim francuskim domu towarowym, takim jak Monoprix czy Prisunic. W aptece („pharmacie"), oprócz leków i perfum, można kupić również akcesoria do makijażu. Jeśli potrzebujesz porady, udaj się do „parfumerie", małego sklepu oferującego perfumy i wysokiej klasy kosmetyki do makijażu. Jedną z ulubionych przez Francuzów perfumerii jest Sephora, która ma już filie na całym świecie, być może również gdzieś niedaleko Twojego domu.

Czas na chwilę rozkoszy!

Zafunduj sobie francuski salon piękności!

Je voudrais...	Chciałbym/chciałabym (zrobić)…
un nettoyage de peau.	czyszczenie skóry.
une manucure.	manikiur.
une pédicure/beauté des pieds.	pedikiur/zabieg pielęgnacji stóp.

un massage.	masaż.
une épilation du maillot.	depilację bikini.
une épilation des sourcils.	depilację brwi.
une épilation des jambes entières.	depilację całych nóg.
me faire teindre les cils.	ufarbować rzęsy.
Je voudrais me faire	Chcę zrobić manikiur
les ongles des mains et des pieds.	i pedikiur.

Warto wiedzieć

Większość Francuzek nie używa do depilacji golarek, tylko wosku. Niektóre depilują się w domu, inne chodzą do kosmetyczki. Na wizytę u „l'esthéticienne" należy się umówić wcześniej. Kosmetyczka może wydepilować wszystko, poczynając od palców u stóp, przez ręce, łydki, brwi i uda, na okolicach bikini czy pachach („aisselles") kończąc.

Włosy

Dla tych, których natura nie obdarzyła bujnymi włosami...

J'ai besoin de/d'...	Proszę o... (dosł. potrzebuję)
une frange.	grzywkę.
un brushing.	czesanie z modelowaniem.
une coupe de cheveux.	obcięcie włosów.
Je voudrais des mèches.	Chciałabym mieć pasemka.
Je vais me faire couper les pointes.	Chcę obciąć (wyrównać) końcówki.

Tu as...?	Czy masz…?
une barrette	opaskę na włosy
un serre-tête	opaskę na włosy
des pinces à cheveux	spinki do włosów
un élastique	gumkę do włosów
une épingle à cheveux	szpilkę do włosów
du gel	żel
de la laque	lakier

Elle a les cheveux...	(Ona) ma włosy…
bouclés.	kręcone.
raides.	sztywne.
teints.	farbowane.
décolorés.	odbarwione.
blonds/bruns/roux/ noirs.	blond/brązowe/rude/czarne.

Il a...	(On) ma...
une barbe.	brodę.
une coupe en brosse.	jeża (jest ostrzyżony na jeża).
un bouc.	kozią bródkę.
une barbe de trois jours.	trzydniowy zarost.
la boule à zéro.	glacę na zero.

Warto wiedzieć

Tatuaże i kolczyki są bardzo popularne wśród francuskiej młodzieży. Ostatnim krzykiem mody jest kolczykowanie wszystkich możliwych części ciała. Można więc spotkać nastolatków z przekłutymi uszami, brwiami, językiem i pępkiem.

Operacje plastyczne itd.

Moda to nie tylko idealnie dobrane ciuchy, lecz także odpowiednie ciało.
Dla tych, którzy go nie mają...

Tu as fait de la chirurgie esthétique ?
Miałeś/miałaś jakąś operację plastyczną?

Je me suis fait refaire... Zrobiłem/zrobiłam sobie...
les seins.   biust.
le nez.   nos.
le ventre.   brzuch.

Je me suis fait gonfler les lèvres.
Powiększyłam sobie wargi.

Il s'est fait tatouer.
Wytatuował się.

Il a un piercing au...   Przekłuł sobie...
nombril.   pępek.
sourcil.   brew.
téton.   sutek.
nez.   nos.

Jeśli podczas pobytu we Francji planujesz zrobić sobie tatuaż albo chcesz
przekłuć sobie coś, przygotuj się. Gdy będzie bolało, krzycz...

Oh lala !   Aïe !   Ouille !
Ojej!   Aj! Ała!   Ojeju, ojejku!

CIAŁO

*N*agie fakty – od stóp do głów.

◆ *Rozmawiaj o perfekcyjnym ciele.*
◆ *Beknięcia, pierdnięcia i inne nieeleganckie zachowania.*

Idealne ciało

Właściwe słowa, żeby opisać idealne lub mniej idealne francuskie ciała.

Tu as...	Masz…
de jolies jambes.	ładne nogi.
les fesses fermes.	jędrne pośladki/jędrną pupę.
de beaux seins.	piękne piersi.
un corps parfait.	doskonałe ciało.

Je/J'...	(Ja)...
ai du bide.	mam brzuszek.
ai des bourrelets.	mam wałeczki (tłuszczu).
suis plate.	jestem płaska.
ai de la cellulite.	mam cellulit.
ai les oreilles décollées.	mam odstające uszy.
ai des poils aux pattes. ♀	mam włochate łapska.
ai un gros pif.	mam duży nochal.
porte des lunettes.	noszę okulary.
porte des verres de contact.	noszę szkła kontaktowe.

Jaki jest Twój typ?

Kto Cię kręci?

J'aime les hommes...	Lubię mężczyzn…
musclés.	umięśnionych.
avec des tablettes de chocolat.	z umięśnionym brzuchem.
qui ont les épaules carrées.	z szerokimi ramionami.
petit/grands.	niskich/wysokich.
chauves.	łysych.
poilus.	owłosionych.

J'aime les hommes...	Lubię mężczyzn...
aux cheveux longs.	z długimi włosami.
barbus.	brodatych.
avec une barbe de trois jours.	z trzydniowym zarostem.

J'aime les filles...	Lubię dziewczyny...
menues.	małe/drobne.
avec des formes.	przy kości.
grandes.	wysokie/duże.
aux cheveux courts/longs.	z krótkimi/długimi włosami.
avec des jambes longues.	z długimi nogami.
avec une grosse poitrine.	z dużym biustem.
avec des super nichons.	z super cyckami.

Wyglądać sexy albo też nie

Piękność czy paskuda – zwroty, które mogą Ci się przydać...
Wszystko o niej...

C'est un boudin.
Jest paskudna/szkaradna (dosł. to kaszanka).
Brzmi to może niedorzecznie, ale po francusku jest bardzo obraźliwe!

Elle est plate comme une limande./C'est un fax.
Jest płaska jak deska (dosł. jest płaska jak flądra). Przeszłaby przez faks.
Myślałby kto!

Elle a une culotte de cheval.
(Ona) jest szeroka w biodrach.

C'est une grande perche.
To tyczka.
Ta uwaga z pewnością nie miała być miła.

Elle est bien roulée.
Ma piękne kształty (dosł. jest dobrze utoczona).

Il y a du monde au balcon.
Ma czym oddychać (dosł. dużo osób mieści się na balkonie).
Powiedz tak, gdy dziewczyna ma duży biust.

Wszystko o nim albo o niej...

C'est un beau morceau.
To piękna sztuka.
Wygląda smakowicie, prawda?

Il/Elle est bien fichu/fichue.
On/ona nieźle wygląda.

Quel canon !
Ale laska! Ale bomba!
Należy przy tym szeroko otworzyć usta...

Elle est moulée/boudinée dans son pantalon.
(Ona) ma dobrze opięte spodnie./Dobrze wypełnia swoje spodnie.

Il flotte dans son pantalon./Il ne remplit pas son pantalon.
(On) pływa w swoich spodniach./Spodnie wiszą na nim.

J'éclate dans mon jean.
Nie mieszczę się w spodniach./Spodnie na mnie pękają (z powodu podniecenia).

Wszystko o nim...

Quel gros lard ! ♂
Co za tłuścioch/grubas (dosł. gruba słonina)!

Il est maigre comme un clou.
Jest chudy jak patyk.

Niektórym może się to podobać...

Quel beau gosse.
Piękny chłopiec/chłopczyna.

Il est bien foutu.
Jest zajebisty.

Il est baraqué.
Ale mięśniak! (pozytywne)

Il est carrément sexy.
Jest cholernie sexy.

Il a de la gueule.
Ma wygląd!

– T'as vu ce mec là-bas ? Widziałaś tego chłopaka/faceta?
– Ouais, il est trop sexy. Pewnie, jest bardzo sexy.

Części ciała

Intymne i mniej intymne szczegóły ...

> 🔥 *Uwaga! Niektóre określenia są dosyć pikantne!*

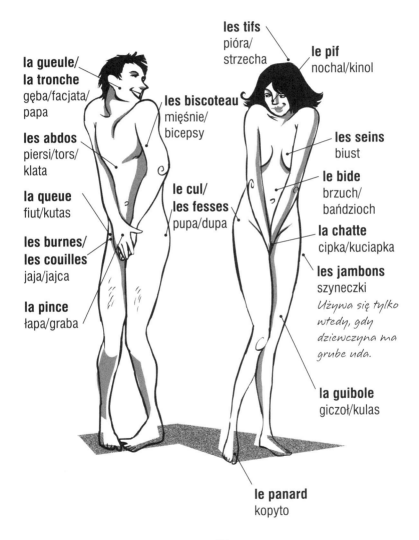

les tifs
pióra/strzecha

le pif
nochal/kinol

la gueule/la tronche
gęba/facjata/papa

les biscoteau
mięśnie/bicepsy

les seins
biust

les abdos
piersi/tors/klata

le bide
brzuch/bańdzioch

la queue
fiut/kutas

le cul/les fesses
pupa/dupa

la chatte
cipka/kuciapka

les burnes/les couilles
jaja/jajca

les jambons
szyneczki
Używa się tylko wtedy, gdy dziewczyna ma grube uda.

la pince
łapa/graba

la guibole
giczoł/kulas

le panard
kopyto

Funkcje organizmu

A fuj! Obrzydliwość! Tutaj dowiesz się, jak się to mówi po francusku.

J'ai besoin de...	Muszę... (dosł. potrzebuję)
roter.	beknąć.
chier.	srać.
péter.	pierdnąć.
pisser.	siknąć.
dégueuler.	rzygnąć.
gerber.	zrzucać, haftować.

W verlan mówi się „béger".

Tu pues la transpiration !
Śmierdzisz potem!

Tu schlingues !
Cuchniesz! Syfisz! Jedzie od ciebie!

Obrzydliwe

Mnóstwo niewybrednych zwrotów, z pomocą których możesz też opisać swoje ciało...

Quel désastre ! J'ai...	Ale niefart, mam...
de l'acné.	trądzik, pryszcze.
des points noirs.	wągry.
un bouton.	pryszcza.
une mauvaise haleine.	śmierdzący oddech.
une verrue.	kurzajkę.
des crampes.	skurcze.
des crampes au ventre.	skurcze żołądka.
des pertes.	problem z trzymaniem moczu.
la diarrhée.	biegunkę.
les pieds qui puent.	śmierdzące stopy.

TECHNIKA, TECHNIKA

*F*achowy żargon komputerowy, internetowy itd. – żaden problem!

- ◆ Slang komputerowy i nowomowa sieciowa.
- ◆ Żargon e-mailowy, komunikatory internetowe i czaty.
- ◆ Doskonałe teksty, którymi przedstawisz się internetowej społeczności.
- ◆ Naucz się, jak dzwonić i esemesować do przyjaciół.

Komputery, Internet, e-mail

Otwórz, zachowaj i zakończ – tutaj znajdziesz wszystko!

Tu as vu... ?	Widziałeś...?
ce super ordinateur/ ordi	ten wypasiony komputer/tego kompa
cette super machine	tę super maszynę
ce super clavier	tę super klawiaturę
ce super portable	ten super/wypasiony laptop
cette super souris	tę super/wypasioną myszkę
ce super écran	ten super/wypasiony monitor

Allume-le !
Włącz go!

Clique ici !
Kliknij tu!

Efface !
Skasuj!

Appuie sur entrée/échapper.
Wciśnij enter/escape.

N'oublie pas de sauvegarder.
Nie zapomnij zapisać.

Tu dois sortir/redémarrer.
Musisz wyjść/zrestartować (zresetować).

Mon ordi est planté.
Mój komp się spieprzył.

Éteins-le !
Wyłącz go!

Maniacy internetowi

Jeśli bez problemu poruszasz się w Internecie, możesz surfować po francuskich stronach – na większości znajdziesz angielskie zwroty. Podajemy jednak kilka wyrażeń, na które możesz się natknąć w sieci – „le net".

Je vais...   (Ja...)

me connecter (à Internet).   połączę się (z Internetem).

surfer (sur le web).   posurfuję (po sieci).

envoyer un e-mail*.   wyślę e-maila.

télécharger la pièce jointe.   zapiszę załącznik.

Quel(le) est... préféré(e) ?   Jaki(-ą, -ie)... wolisz?

ton navigateur   przeglądarkę

ton chatroom   czat

ta page d'accueil   stronę domową

ton forum   forum dyskusyjne

ta page web   stronę w sieci

ton site   stronę internetową

Tu as... ?   Masz...?

le câble   kabel

une connexion   połączenie/łącze

l'ADSL   ADSL/stałe łącze

un modem   modem

Tu peux... ?   (Czy) możesz...?

te connecter/déconnecter   połączyć się/rozłączyć się

IM/dialoguer en direct   używać komunikatora IM/czatować

m'envoyer un e-mail   wysłać mi e-maila

joindre une pièce   dodać załącznik

dérouler le texte   przewinąć tekst

---

* „Courriel" i „mél" to inne określenia e-maila.

E-randki

Szukasz w sieci francuskiej miłości? Tu znajdziesz typowe ogłoszenia internetowe.

Ogłoszenie w necie

slt les mek, si
vous êtes Knon
20-25 dans
le 75 apLER moi
asap pr10kuT +
prendre mon
keur.

Po francusku...

Salut les garçons, si vous êtes canons, vous avez entre 20-25 et vivez à Paris, appelez-moi aussi vite que possible pour discuter et prendre mon cœur.

Po polsku...

Hej chłopaki! Jesteście klasa, macie od 20 do 25 lat i mieszkacie w Paryżu, to zadzwońcie jak najszybciej, pogadamy i może zdobędziecie moje serce.

Ogłoszenie w necie

Bjr. t'a 18-25,
BL é 5pa, je
t'm Dja. rstp.

Po francusku...

Bonjour. Tu as entre 18 et 25 ans, tu es belle et sympa, je t'aime déjà. Réponds s'il te plaît.

Po polsku...

Hej! Masz od 18 do 25 lat, jesteś atrakcyjna i miła? Już cię kocham. Napisz do mnie!

Ogłoszenie w necie

Mek 25 cherche
fam pr chat é +
si posibl.
LC moi 1 msg.

Po francusku...

Mec 25 ans, cherche femme pour dialoguer en direct et plus si possible. Laissez-moi un message.

Po polsku...

25-letni chłopak chce nawiązać bezpośredni kontakt z dziewczyną – żeby pogadać, a może coś więcej. Napisz do mnie.

Skróty internetowe

Jeśli chcesz pogadać na francuskim czacie albo wysłać wiadomość znajomemu przez komunikator, powinieneś/powinnaś znać poniższe skróty.

ASV [âge, sexe, ville]
A/S/L [age, sex, location/wiek, płeć, miasto]

BAN [chasser d'une chat room]
BAN [usunięcie z czatu]

MDR [mort de rire]
LOL [laugh out loud/umierać ze śmiechu]

PSEUDO [pseudonyme]
NICK [nickname/przezwisko]

kékina [Qu'est-ce qu'il y a ?]
RUOK [are you OK?/wszystko w porządku, OK?]

dak [d'accord]
OK [OK, zgoda]

c ça [C'est ça !]
Tak jest. Właśnie tak.

l'S tomB [laisse tomber]
NP [no problem/dosł. zostaw to, nie zajmuj się tym]

@+ [à plus tard]
CUL8R [see you later/na razie]

@2m1 [à demain]
CUT [see you tomorrow/do jutra]

A12C4 [à un de ces quatre]
CU [see you/do zobaczenia wkrótce]

E-mail

Chcesz wiedzieć, co jest napisane na ekranie? Żaden problem.

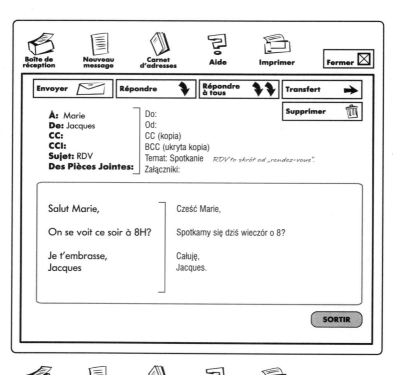

Komunikatory internetowe

Wyślij wiadomość.

Blokuj   Dodaj kontakt   Rozmawiaj   Informacja   Wyślij

Wiadomość	Po francusku...	Po polsku...
slt koi29 ?	**Salut. Quoi de neuf ?**	Cześć, co słychać?
1mn. Je V o 6né.	**Juste une minute.** **Je vais au ciné.**	Mam tylko minutkę. Idę do kina.
BAP.	**Bon après-midi.**	Miłego popołudnia.
j'tapLDkej'pe.	**Je t'appelle dès que je peux.**	Odezwę się, jak tylko będę mogła.

Zadzwoń do mnie!

Chcesz do kogoś zadzwonić? Nie panikuj.
Tu znajdziesz właściwe zwroty.

Je peux...?	Czy mogę…?
prendre ton numéro	dostać twój numer
t'appeler	zadzwonić do ciebie
passer un coup de fil	zadzwonić

Rozmowa telefoniczna

Rozmowa przez telefon po francusku? Nie ma powodu do obaw!

Allô ?
Halo?
Klasyczny zwrot wypowiadany po podniesieniu słuchawki.

Oui ?
Tak?
Wypróbuj, jeśli nie chcesz za każdym razem zaczynać od „Allô".

Salut !
Cześć!
Jeśli wiesz, kto do Ciebie dzwoni, możesz być bardziej wyluzowany/wyluzowana.

C'est Michel !
Tu Michel.
Klasyczne przedstawienie się na początku rozmowy.

C'est moi !
To ja.
Każdy Cię przecież zna...

Co można usłyszeć na francuskiej automatycznej sekretarce...

– Vous êtes bien chez Georges. Laissez un message après le bip. Dodzwoniłeś się do Georges'a. Zostaw wiadomość po sygnale.
– Salut, c'est Sylvie ! Appelle-moi ! Cześć, tu Sylvie. Oddzwoń.

Est-ce que je pourrais parler à Francine ?
Czy mogę mówić z Francine?
Trochę formalnie, ale przechodzi się od razu do sedna.

Je peux laisser un message ?
Mogę zostawić wiadomość?
Czasami wypada być uprzejmym!

J'y vais.
Muszę lecieć.
Śpieszysz się gdzieś? W ten sposób szybko zakończysz rozmowę.

À plus.
Na razie.
Idealne zakończenie rozmowy telefonicznej.

Je t'embrasse.
Ucałowania.
Używaj, gdy rozmawiasz z przyjaciółmi albo z kimś z rodziny.

On s'appelle.

Pozostaniemy w kontakcie.

To może oznaczać: nie zadzwonię już do ciebie.

Miła rozmowa telefoniczna...

– Allô ? Halo?
– Salut. C'est Alain. Cześć, tu Alain.
– Salut, Alain ! Quoi de neuf ?
Witaj, Alain. Co słychać?

FAKTY

We Francji prawie każdy posiada komórkę („un portable"). Jednak rozmowy mogą być drogie. Dlatego – zamiast rozmawiać przez komórkę – wielu ludzi wysyła SMS-y.

SMS

Krótkie i dowcipne SMS-y...

je t'M [Je t'aime]
[kocham cię]

Cpa5p [C'est pas sympa]
[to nie jest miłe]

rstp [Réponds s'il te plaît]
[odpowiedz, proszę]

keske C [Qu'est-ce que c'est ?]
[co to jest?/o co chodzi?]

@2m1 [À demain]
[do jutra]

Poesemesuj w końcu!

Wyślij francuskiego SMS-a!

SMS	Po francusku...	Po polsku...
slt cv ?	**Salut, ça va ?**	Cześć, co słychać?
m jvb	**Moi, je vais bien.**	U mnie wszystko dobrze.
koi29 ?	**Quoi de neuf ?**	Co nowego?
RAS	**Rien à signaler.**	Nic się nie dzieje/działo.
tu vi1 2m'1	**Tu viens demain ?**	Przyjdziesz jutro?
je C pas	**Je sais pas.**	Nie wiem.
j'tapL + tard	**Je t'appelle plus tard.**	Zadzwonię do ciebie później.

GADKI i PLOTKI

*N*ajnowsze wieści, dobre i złe, o znajomych i rodzinie.

Jak należy...
- *rozmawiać o znajomych,*
- *wymieniać najnowsze ploteczki,*
- *zdradzać bądź zachowywać tajemnice,*
- *opowiadać o rodzinie.*

Starzy, dobrzy znajomi

Czy to nie we Francji poznałeś/poznałaś najmilszych ludzi?

Lui c'est mon...   To mój...
ami/copain.   przyjaciel/kumpel.
pote/poteau.   ziomek/kolega.

C'est ma meilleure amie/copine.
To moja najlepsza przyjaciółka/kumpela.

„Mon copain/ma copine" może również oznaczać „mój chłopak/moja dziewczyna".

Elle est adorable !
Jest kochana!

Tu es vraiment sympa.
Jesteś naprawdę miły/miła.

C'est un mec super.
To super chłopak.

Nasi dawni znajomi

Czy to nie on/ona jest najbardziej wkurzającą osobą, jaką w życiu spotkałeś/spotkałaś? Nie krępuj się, powiedz to!

Je peux pas le blairer.
Nie trawię go.

Je peux pas la sentir/piffrer.
Nie mogę jej znieść.

„Piffrer" to slangowe pachnieć/znosić kogoś.

Je peux pas l'encaisser.
Nie mogę go/jej ścierpieć.

II...	(On)…
me tape sur les nerfs.	działa mi na nerwy.
me fait suer.	wkurza mnie (dosł. pocę się przez niego).
m'emmerde.	wpienia/wkurwia mnie.

Tu me les chauffes.	Nudzisz/irytujesz mnie (dosł. przegrzewasz mi je – w domyśle: jaja).
Tu me les casses.	Nudzisz/kwasisz (dosł. tłuczesz mi je – w domyśle: jaja).

Mimo anatomicznego podtekstu te wyrażenia mogą być stosowane również przez dziewczyny.

> *Zaryzykuj, powiedz prawdę!*

– **Tu connais Marc ?** Znasz Marka?
– **Je peux pas le blairer !** Nie cierpię go!

Cóż za irytujący człowiek!

Chcesz rozpuścić trochę plotek o dziwnych sąsiadach, współlokatorach czy innych nieudacznikach? Nie ma problemu!

Il est con comme un manche à balai.
Jest głupi/tępy jak but (dosł. jak kij od szczotki).

Quel...	Co za…
bouffon.	pajac/osioł/baran.
débile/gogol.	debil/kretyn/idiota.
naze.	palant/frajer.
con/blaireau.	dupek/dupa wołowa/gówniarz.
Quelle tache, ce mec/	Co za kretyn z tego faceta!/
cette meuf !	Co za kretynka z tej laski!
Je l'ai en horreur !	Nienawidzę go/jej!

Je la déteste !   Nie znoszę jej!

Il me donne envie de vomir !   Rzygam na jego widok!

Il me fait chier.   On mnie wkurwia (dosł. srać mi się chce na jego widok).

Krótko i na temat!

– **Quel con, ce mec !** Co za dupek z tego faceta!

– **Sans dec* !** Bez dyskusji! Racja!

* „Dec" to skrót od „déconner", co znaczy bredzić, wygadywać.

Męczące znajomości

Twoi znajomi Cię wkurzają? Powiedz to wprost!

J'en ai...   Mam tego...

assez.   dość/dosyć.

marre.   potąd.

ma claque.   po dziurki w nosie.

ras-le-bol.   kurwa, dość (dosł. po dziurę w dupie).

ras-le-cul.   kurwa, dość (dosł. po dziurę w dupie).

Y en a marre !   Dosyć tego! Basta!

Tu es complètement...   Ale z ciebie...

ouf.   wariat/dureń/świr.

To verlan od słowa „fou" – szalony.

dérangé.   kretyn/debil.

taré.   wał.

destroy.   pojeb.

barjo.   pojeb.

Il est...	(On) jest...
toqué.	trzepnięty.
dingue.	zwariowany/dziwny.
cinglé.	zwariowany/pokręcony.
Il...	(On)...
déménage.	wariuje (dosł. przeprowadza się).
délire.	głupieje.
pète les plombs.	pieprzy głupoty/pierdoli (głupoty).
Tu es si...	Jesteś naprawdę...
énervant.	denerwujący/irytujący.
chiant.	wkurzający.
emmerdant.	wkurwiający.
arrogant.	arogancki/bezczelny.
orgueilleux.	zarozumiały.
grossier.	wulgarny/chamski.

Tu es vraiment gonflé.
Jesteś strasznie nadęty.

Elle a vraiment du culot.
Ma tupet!/Tupeciara z niej!

Quel péteux !
Co za gówniarz/smród!

Il frime.
Popisuje się/puszy się/nadyma się.

Il est chelou, ce mec.
Ciemny typ z niego.
„Chelou" to verlan od słowa „louche"– podejrzany.

C'est une salope, cette fille.
Ta dziewczyna to dziwka.

Plotki

Słyszałeś/słyszałaś najnowsze wieści? Nie wierzysz własnym uszom?
Podziel się nowinami z przyjaciółmi!

W ten sposób rozbudzisz u wszystkich ciekawość...

Tu sais/connais la meilleure/dernière ?
Znasz ostatnią wiadomość/plotkę?

Tu sais ce que j'ai entendu ?
Wiesz, co słyszałem?/Już wiesz?

J'en ai une bien bonne.
Ale mam plotę!

Tiens-toi bien !
Trzymaj się, nie uwierzysz!

Accroche-toi !
Trzymaj się, nie uwierzysz!

Assieds-toi d'abord !
Najpierw usiądź!

Sam/sama w to nie wierzysz?

Je peux pas le croire !
Nie wierzę!

Sans blague.
Bez żartów.

Sans dec !
Nie mów!/Nie gadaj!

Tu déconnes ?
Nabierasz mnie?

Tu rigoles ?
Żartujesz?

Tu te fiches/fous de moi ?/Tu te fous de ma gueule ?
Żartujesz sobie ze mnie?/Jaja sobie ze mnie robisz?

Tu plaisantes !
Żartujesz sobie?/Żarty sobie stroisz?

Oh lala !
Taa, jasne!/Taa, akurat!

Non !
No nie!

La vache !
No nie, cholera jasna!

Gdy mało Cię to obchodzi...

Je m'en...	Mam to…
fiche/balance/cire.	w nosie/w poważaniu/głęboko.
fous.	gdzieś/w dupie.

Bez cenzury

Ktoś Cię właśnie obraził? Tak możesz mu się zrewanżować.

Tu me gonfles !
Wkurzasz mnie!

T'as pas d'amis.
Nie masz przyjaciół.

T'es relou.
Kretyn/debil z ciebie!

„Relou" to verlan od słowa „lourd" (dost. ciężki).

Écrase !
Spieprzaj!/Spierdalaj!

C'est con pour toi !
Koniec z tobą!/Masz przechlapane!

Nimportenawaque !
Pieprzysz!

Cykasz się wypowiedzieć to słowo? Nie panikuj, to tylko jeden ze sposobów na powiedzenie „n'importe quoi" (gadasz byle co, bzdury).

Tu es un loser.
Palant/frajer/dupek z ciebie!

Va te faire foutre !
Dymaj się!/Pieprz się!/Wal się!

Bez cenzury

W ten sposób możesz zakończyć męczące dyskusje...

Arrête !
Przestań

Stop, ça suffit !
Dosyć, wystarczy!

Ta gueule !
Morda!

Ferme-la !
Zamknij się!/Morda w kubeł!

Boucle-la !
Zamknij gębę!/Morda w kubeł!

Tu commences à me les casser sérieusement !
Zaczynasz mnie
wkurzać/wkurwiać
(dosł. zaczynasz mi zgniatać jaja)!

Niezbyt uprzejmie...

– **Con !** Dupek/Sukinsyn!
– **Écrase !** Spieprzaj!/Spierdalaj!

Bądź dobrym przyjacielem!

Masz przyjaciela, któremu nie do końca wszystko się układa? Pociesz go, stosując te zwroty.

Calmos.
Spoko.
Czujesz, że Twój kumpel potrzebuje chwili, by głęboko odetchnąć.

Cool !
Cool!/Spoko!
Twojemu przyjacielowi puszczają nerwy? Wypróbuj to.

Cool ma poule. ♀
Spoko złotko (dosł. moja kurko).

Relax !
Wyluzuj!/Luz!
Używaj, gdy Twój przyjaciel mocno się stresuje z jakiegoś powodu.

T'inquiète.
Uspokój się!/Nie przejmuj się!

On reste calme !
Spokój!

Laisse béton !
Daj spokój!/Wyluzuj!
„Laisse béton" to verlan od zwrotu „Laisse tomber" (dosł. olej to!).

Tajemnice

Zaufaj swoim znajomym, ale zadbaj też o to, by nie zdradzili Twoich tajemnic!

Ne dis rien.
Nic nie mów.

Tu promets de ne rien dire ?
Obiecujesz nic nie mówić/że nie powtórzysz?

Tu peux garder un secret ?
Umiesz dochować tajemnicy?

Garde-le pour toi.
Zachowaj to dla siebie.

Tu peux me faire confiance.
Możesz mi zaufać.

Wszystko zostaje w rodzinie

Czy klasyczne rodziny jeszcze istnieją? Czasami oprócz matki („mère"), ojca („père"), siostry („sœur") czy brata („frère") są też w rodzinie osoby, z którymi łączą nas bardziej zawiłe relacje.

Voici...	To...
mon beau-père.	mój ojczym.
ma belle-mère.	moja macocha.
mon demi-frère.	mój brat przyrodni.
ma demi-sœur.	moja siostra przyrodnia.
le fils de mon beau-père.	syn mojego ojczyma.
le fils de ma belle-mère.	syn mojej macochy.
la fille de mon beau-père.	córka mojego ojczyma.
la fille de ma belle-mère.	córka mojej macochy.

Pośmiej się z nich

Chcesz powiedzieć szczerze, co myślisz o swojej rodzinie? Verlan idealnie się do tego nadaje...

Je ne peux pas sentir...	Nie znoszę...
ma mifa.	mojej rodzinki.
mes remps.	moich starych.
mon reup.	mojego starego.
ma reum.	mojej starej.
mon reuf.	mojego brachola.
ma reuss.	mojej siory.

Rodzinny slang

Gadasz właśnie z kumplami i przydałoby Ci się kilka zwrotów slangowych,
by opowiedzieć o rodzinie. Proszę bardzo:

J'adore...   Bardzo lubię…/Uwielbiam…

mes vieux.   moich staruszków.

ma belle-doche.   moją macochę.

mon frangin.   mojego braciszka.

ma frangine.   moją siostrzyczkę.

Je déteste les mômes/gosses/mioches.
Nie znoszę dzieciaków/smarkaczy/bachorów.

C'est un morveux/une morveuse !
To smarkacz/smarkata.

Ce gamin est énervant.
Ten dzieciak jest denerwujący.

Quels merdeux !
Co za gnojki!

Tu es une vraie chipie.
Ale z ciebie zołza.

 Z rodziny można też pożartować!

– **Ta belle-doche a des gamins ?** Twoja macocha
ma dzieciaki?

– **Ouais, trois merdeux !** Taa, trzech gówniarzy!

Bez cenzury

Uważaj! Stosuj te wyrażenia ostrożnie! Możesz narobić sobie wrogów.
Ale jeśli ktoś mocno Cię wkurzył, trafisz go poniżej pasa.

Ta mère !
Twoja matka się puszcza/jest dziwką!

Fils de pute !
Sukinsynu!/Skurwysynu!

Ta mère, la pute !
Twoja stara to dziwka/kurwa!

Putain de ta mère !
Twoja stara to kurwa!

Nique ta mère !
Pieprz swoją matkę!

Va voir ta mère !
Pieprz swoją matkę (nieco słabsze niż poprzednie).

*T*ak możesz rozmawiać o francuskiej kuchni i innych frykasach.

- ◆ *Powiedz, że jesteś głodny/głodna.*
- ◆ *Znajdź swoje ulubione danie.*
- ◆ *Unikaj paskudnych francuskich potraw.*
- ◆ *Mów o zaburzeniach pokarmowych.*

Jesteś głodny!

Głodny? Głodna? Tylko nie połam sobie zębów...

J'ai...	Jestem...
faim./soif.	głodny./spragniony.
la dalle.	głodny (aż mnie ssie).
les crocs.	głodny(-a) jak wilk.

J'ai envie de...	Mam ochotę...
bouffer.	podjeść/podeżreć.
bâfrer.	coś wszamać.
damer.	coś wciąć.
m'empiffrer.	najeść się/napchać się.

Il mange comme quatre.
(On) je za dwóch (dosł. czterech).

Je cale.
Lubię dobrze zjeść.

J'ai trop bouffé.
Za dużo zjadłem/zjadłam.

Je meurs de faim/de soif !
Umieram z głodu/z pragnienia!

Warto wiedzieć

Kuchnia francuska jest ceniona za kunszt przygotowania potraw i ich smak. Dzisiaj wśród młodych ludzi bardzo popularne są fast foody, batoniki czekoladowe i frytki. Pije się ogromne ilości lemoniady. Coraz rzadziej poświęca się czas na gotowanie. W ciągu tygodnia je się „sur le pouce", szybko. Jednak większość Francuzów ceni dobrą kuchnię i przywiązuje dużą wagę do jedzenia. Czas spędzony przy posiłkach, przy stole nie jest w żadnym razie uważany za stracony.

Jedzenie poza domem

Poszukiwania małej francuskiej restauracji właśnie dobiegły końca...

On va...	Idziemy...
au self.	do baru samoobsługowego. *„Self" to skrót od „self-service" (samoobsługa).*
au café.	do kawiarni.
à la cafet.	do kafejki/kafeterii. *To skrót od „cafétéria".*
au bistro.	do bistro. *Tutaj znajdziesz typowe francuskie jedzenie – dobry stek z frytkami: „steak frites".*
au fast food.	do fast foodu.
à la pizzeria.	do pizzerii.
au resto.	do restauracji. *To skrót od „restaurant".*
au boui-boui.	do knajpy. *„Boui-boui" to mała restauracyjka z niezbyt ładnym wnętrzem, ale w miarę przyzwoitym jedzeniem.*

Je connais un p'tit resto sympa pas loin d'ici.
Znam małą sympatyczną knajpkę niedaleko stąd.

„Sympa", krótszą wersję „sympathique", Francuzi używają bardzo często i to nie tylko w odniesieniu do osób.

Bon ap !
Smacznego!

Możesz powiedzieć zamiast „Bon appétit"!

Francuzi wprost uwielbiają skracać słowa. Czasami opuszczają jedną sylabę, czasami kilka, zwłaszcza na końcu wyrazu: appart(ment), coloc(ataire), manif(estation), fana(tique), bac(calauréat), psy(chologue).

Na kawę

Kawa i przerwa na kawę – „la pause-café" to we Francji po prostu mus...

un petit noir/un (café)   espresso
express
un café crème/calva   kawa z mlekiem/calvadosem
un déca   kawa bezkofeinowa

„Déca" to skrót od „café décafeiné".

C'est du jus de chaussette.
To straszna lura (dosł. sok ze skarpetek).

Happy meals

Czas na przekąskę

Tu as pris le petit dej/un goûter* ?
Jadłeś lunch/podwieczorek?

On se fait une bouffe.
Urządzimy sobie wyżerkę.

C'est...   To jest...
délicieux/super bon.   pyszne/doskonałe/bardzo dobre.
infect/infâme.   obrzydliwe/ohydne.
dégueulasse/dégueu.   paskudne.

C'est de la tambouille !
To przysmak!

* Małe co nieco na deser to francuska tradycja.

A może masz ochotę na francuskie przysmaki?

Tu veux... ?	Zjesz...?
de la soupe aux pissenlits	zupę szczawiową
des cuisses de grenouille	żabie udka
des rognons/tripes	móżdżek/flaki
du lapin	królika
des escargots	winniczki
du foie de veau	cielęcą wątróbkę

FAKTY Ponieważ lekcje we francuskiej szkole trwają zazwyczaj do późnego popołudnia, wielu uczniów je obiady w stołówce – "cantine". Nie jest to łatwy okres dla ich żołądków. Stołówkowe żarcie nie należy do najsmaczniejszych.

Do stołówki chodzi się także podczas studiów – „resto U", a nawet wtedy, kiedy się już pracuje. Wiele firm ma bowiem własne stołówki, a jeśli ich nie ma, to rozdaje pracownikom „tickets restaurant". Są to talony, z których można korzystać w wielu restauracjach i barach; w zależności od ceny, płaci się nimi za całość lub część posiłku.

Za Twoje zdrowie!

We Francji jest niewielu wegetarian, a zdrowa żywność nie cieszy się zbytnią popularnością. Ale kilka zwrotów może Ci się przydać.

Je ne mange pas de viande.	Nie jem mięsa.
Je suis végétarien/végétalien.	Jestem wegetarianinem/weganinem.
Le lait me donne envie de vomir.	Od mleka zbiera mi się na wymioty.
Je suis au régime.	Jestem na diecie.

Zaburzenia pokarmowe

Twoi przyjaciele jedzą za mało albo za dużo? Powiedz im to!

Tu es...

trop maigre.

anorexique.

boulimique.

gros/grosse.

Jesteś...

za chudy/za chuda.

anorektykiem/anorektyczką.

bulimikiem/bulimiczką.

gruby/gruba.

Jeżeli zostało się zaproszonym na francuską kolację, należy przestrzegać kilku zasad.

1. Zostawianie niedojedzonych resztek na talerzu jest niegrzeczne. Powinno się więc nakładać tylko tyle, ile na pewno się zje.

2. Jeśli używa się noża, widelec należy trzymać w lewej ręce, a nóż w prawej. Gdy używa się samego widelca, należy go trzymać w prawej ręce.

3. Nie wolno samemu brać dokładek. Powinno się poczekać, aż ktoś to zaproponuje.

4. Gdy się czeka na posiłek, na stole można położyć same dłonie, nigdy łokcie.

5. Panowie powinni dbać o to, aby dziewczyna siedząca obok zawsze miała wino w kieliszku. Dama nigdy nie nalewa sobie sama.

6. Gdy wszyscy skończyli już jeść, powinno się zanieść do kuchni nie tylko swój talerz, ale także talerze innych.

ŻYCIE NOCNE

*Z*abaluj po francusku!

- ◆ *Baw się à la française.*
- ◆ *Poznaj palący język palaczy.*
- ◆ *Rozmowy towarzyskie i inne puste gadki.*
- ◆ *Narkotykom powiedz nie... ale rozmawiaj o nich.*

Czas na imprezę

W Paryżu i innych francuskich miastach praktycznie na każdym kroku można trafić na knajpę, kafejkę, kino albo salę koncertową. Liczy się tylko jedno: wyjść z domu i się zabawić!

On fait quelque chose ce soir.
Urządzimy coś dziś wieczór./Idziemy gdzieś dziś wieczór.

On se fait...	Zafundujmy sobie...
une soirée sympa.	miły wieczór.
un ciné/cinoche/une toile.	kino.
une pièce de théâtre.	wyjście do teatru.
un concert.	wyjście na koncert.

Quelle clubeuse, celle-là !
Ale z niej klubowiczka!

On va...	Idziemy...
en boîte.	do klubu.
à la soirée/la fête/	na imprezę/na party
la surprise-partie de Roland.	do Rolanda.
dans un bar.	do baru.

Tu danses ?
Tańczysz?/Zatańczysz?

Je fais une petite soirée.
Urządzam małe przyjęcie.

Dobrze się bawiłeś/bawiłaś? Powiedz to innym!

Hier soir, on...	Wczoraj wieczorem...
a kiffé.	zaszaleliśmy.
s'est bien amusé/marré.	dobrze się (za)bawiliśmy.
a bien rigolé.	zabalowaliśmy.

Hier soir, on...	Wczoraj wieczorem...
s'est fendu la pêche.	pohasaliśmy (dosł. podzieliliśmy brzoskwinię).
s'est roulé par terre.	pohulaliśmy.
s'est éclaté.	nabroiliśmy.
a fait la teuf.	(za)bawiliśmy się/(wy)bawiliśmy się.

„Teuf" to verlan od słowa „fête" (święto, zabawa).

Dymek z papierosa

Palenie we Francji wciąż jest trendy.

Est-ce que tu fumes ?
Palisz?

Możesz powiedzieć to samo w verlan – „mefu".

On en grille une ?
Zapalimy jednego?

Tu as... ?	Masz...?
une garettci	papierosa

To verlan od słowa „cigarette".

une garo	papierocha
une nuigrav*	szluga/dymka
un clope	skręta
un peuclo	peta

To verlan od słowa „clope".

---

* Od „nuit gravement à la santé" (poważnie szkodzi zdrowiu), napisu umieszczanego na paczkach papierosów.

Dla zdecydowanych przeciwników palenia...

— **Tu fumes ?** Palisz?
— **Non !** Nie!

Warto
wiedzieć

Do niedawna we Francji nie było ustalonego wieku, od którego można kupować papierosy. Nie wydzielano też zbyt często specjalnych miejsc dla niepalących. Zakaz palenia ograniczał się do ośrodków służby zdrowia, szkół, biur i taksówek. Poza tym palenie było dozwolone i akceptowane wszędzie. W 2007 r. zakaz palenia rozszerzono, a od stycznia 2008 r. nie można palić publicznie nigdzie (oprócz otwartych przestrzeni, czyli tam, gdzie nie przeszkadza się innym).

Drinki

Napijesz się czegoś?

Tu veux... ?	Chcesz...?
un apéro	aperitif
	To skrót od „apéritif".
du pinard	wina
un coup de rouge	kieliszek czerwonego wina
un verre	szklaneczkę
un gin tonic	dżin z tonikiem
une vodka orange	wódkę z sokiem pomarańczowym
une bière	piwa
une brune	ciemnego piwa
une blonde	piwa (słabe, tzw. blond)
un cidre	cydru
un kir	kir
	„Kir" to tradycyjny apéritif z białego wina i likieru cassis.

Tu veux un kir royal ?

Chcesz kir royal?

„Kir royal" to kir z dodatkiem szampana (zamiast białego wina).

On boit/se prend un coup ?/On prend un pot ?

Wypijemy jednego?/Wypijemy kolejkę?

Tu veux un coup de rouge/blanc ?

Chcesz kieliszek/lampkę czerwonego/białego wina?

Przyjmij zaproszenie... albo też nie

– Je t'offre une bière ? Mogę postawić ci piwo?

– Oui, merci. Tak, dzięki.

lub

– Non, c'est moi qui conduis. Nie, prowadzę.

Warto wiedzieć

Co się pije we Francji? Najczęściej piwo, bo jest tanie. Warto jednak spróbować „pastis" – napoju alkoholowego z anyżkiem, zazwyczaj mieszanego z wodą. Jeśli ma się ochotę na coś innego, można zamówić „un panaché" – piwo z limonką lub „un monaco" – piwo z grenadyną. Bardzo modne jest „Malibu", czyli rum o smaku kokosowym. Oczywiście, należy koniecznie spróbować słodkich koktajli – napojów alkoholowych z dodatkiem francuskich delicji „Shuters Carambar", „Fraise tagada" i „Schtroumpf". Te przepyszne drinki to rozpuszczony w wódce aromatyzowany cukier.

FAKTY Teoretycznie, aby kupić alkohol we Francji, należy mieć 18 lat. Ta zasada nie jest jednak bardzo surowo przestrzegana. Nastolatki siedzące w knajpach i pijące piwo nikomu nie przeszkadzają. Niepełnoletni nie mają większych problemów z kupnem alkoholu. Ponieważ picie nie jest postrzegane jako coś negatywnego, Francuzi nie mają nawet wyrażenia oznaczającego „uchlać się, mieć w czubie".

Na zdrowie!

Co się mówi przed toastem i po toaście.

Ça s'arrose !
Trzeba to oblać!

Trinquons !
Wypijmy!

À la tienne !
Twoje zdrowie!

Tchin, tchin !
Na zdrowie!

Je suis pompette !
Jestem pijany(-a)!

J'ai un verre dans le nez.
Jestem zalany(-a).

J'ai la gueule de bois.
Mam kaca (dosł. drewnianą gębę).

Hier soir, je/j'...	Wczoraj wieczorem...
me suis soûlé.	upiłem(-am) się.
me suis bourré/	nawaliłem(-am)/
soûlé la gueule.	narąbałem(-am) się.
ai pris une cuite.	urżnąłem się.

Na zdrowie...

– **Ça s'arrose !** To trzeba oblać!
– **Ouais ! Tchin, tchin !** O tak, pijmy!

Na haju

We Francji narkotyki są nielegalne. Poniższe zwroty podaliśmy wyłącznie w celach informacyjnych.

Tu fumes... ?	Palisz...?
du hashich	haszysz
du shit	zioło
	W verlan mówi się „teuchi".
du chichon	hasz
Je suis...	Jestem...
déchiré.	naćpany.
défoncé.	nawalony.
	W verlan mówi się „foncédé".
raide-def.	nawalony na sztywno.
	To skrócona wersja „raide-défoncé", kompletnie nawalony.

Je ne me drogue pas.
Nie biorę narkotyków/dragów.

Trzask, prask!

Miejmy nadzieję, że nigdy nie będziesz potrzebował/potrzebowała poniższych wyrażeń.

On m'a...	Zostałem...
attaqué.	napadnięty.
battu.	pobity.
volé/raquetté.	okradziony/zmuszony do zapłacenia haraczu.

Il s'est fait rosser/tabasser.
Pobili go./Skopali go.

Elle a pris une gifle/un baffe.
Dostała w twarz/po buzi.

Fais gaffe aux...
flics.

Uważaj na...
gliny.

W verlan mówi się „keufs".

poulets.

psy.

J'ai été arrêté.
Aresztowali mnie.

Ce quartier, ça craint.
W tej dzielnicy jest niebezpiecznie.

– **Tu as entendu que Marc s'est fait rosser hier soir ?** Słyszałeś, że Marka pobili wczoraj wieczorem?
– **Vraiment ? C'est grave ?** Naprawdę? To poważne?
– **Non, seulement quelques bosses.**
Nie. To tylko kilka guzów.

*P*oznaj żargon muzyczny, kinowy i telewizyjny.

- Rozmawiaj o trendy muzie.
- Nadawaj po francusku o telewizji.
- Dyskutuj o francuskich filmach.

Muzyka

Wprowadź się w nastrój – muzyka, „la zicmu" (verlan od „musique") lub „zic"(„zicmu" krócej) to po prostu nieodłączny element francuskiej kultury.

Ce CD est...	Ta płyta...
parmi les dix meilleurs.	należy do dziesięciu najlepszych.
(trop) cool.	jest spoko.
énorme/super.	jest wielka/super.
tip-top.	jest doskonała.

Ce groupe...	Ta grupa/Ta kapela...
c'est chanmé.	jest beznadziejna.

To verlan od słowa „méchant" – beznadziejny. Uwaga! W innym kontekście może mieć znaczenie pozytywne: doskonały, wypasiony.

c'est de la balle/bombe.	jest bombowa.
ça craint.	jest do niczego.

W innym kontekście „ça craint" może mieć znaczenie pozytywne: „robi wrażenie".

c'est de la merde.	jest do dupy.

Tu aimes... ?	Lubisz...?
la dance	dance
le hip hop/le rap	hip hop/rap
la house	house
le jazz	jazz
la pop	pop
le reggae	reggae
le rock	rock
la techno	techno

Niezbędne wyposażenie

Aby posłuchać ulubionej piosenki, możesz potrzebować...

Tu as... ?	Masz...?
un lecteur de CD	odtwarzacz CD
un discman®/un walkman®	discmana®/walkmana®
un lecteur MP3/un iPod™	odtwarzacz mp3/iPoda™
des écouteurs	słuchawki
une chaîne	wieżę

FAKTY Jeśli znajdziesz się we Francji pierwszego dnia lata, wszędzie usłyszysz muzykę – niezależnie od tego, do którego miasta pojedziesz. Muzycy profesjonalni oraz amatorzy grają w tym dniu na ulicach z okazji „la Fête de la musique", święta muzyki. Jest ono uznawane za oficjalny początek lata. Można wówczas słuchać przez cały wieczór jednego zespołu albo podziwiać wielość i różnorodność imprez – od rockowych i techno po folkowe i związane z muzyką klasyczną, albo też przyłączyć się do muzykujących artystów.

Warto wiedzieć

Rap francuski, oprócz amerykańskiego i brytyjskiego, należy do najlepszych na całym świecie. To mieszanka amerykańskiego hip-hopu, francuskich tekstów i południowoafrykańskich rytmów. Wielu najbardziej znanych francuskich raperów to imigranci z Afryki mieszkający na przedmieściach wielkich miast – Paryża, Marsylii, Tuluzy. Rap stawał się coraz bardziej popularny od lat osiemdziesiątych. Obecnie to jeden z głównych nurtów muzyki francuskiej.

Włącz telewizor!

Chciałbyś/chciałabyś obejrzeć kilka francuskich programów?

Tu veux mater la télé ?
Chcesz pooglądać telewizję?
„Mater" w verlan mówi się „téma".

Allume la télé !/Éteins la télé !
Włącz telewizję!/Wyłącz telewizor!

Passe-moi la télécommande.
Podaj mi pilota.

Tu as vu le programme télé ?
Widziałeś program telewizyjny?

Cette émission est nulle/est cool !
Ten program jest beznadziejny/jest spoko.

Tu aimes... ?	Lubisz...?
les dessins animés	filmy rysunkowe/animowane
les séries/les sit-coms	seriale/sitcomy
les infos	wiadomości
les jeux	gry/teleturnieje
la télé réalité	reality TV
les émissions/les talk-shows	programy talk-show

FAKTY Telewizja we Francji jest płatna. Aby odbierać sześć podstawowych programów, płaci się roczny podatek („la redevance"). Trzy programy są państwowe i nadają głównie wiadomości, filmy rysunkowe oraz programy kulturalne. Inni nadawcy proponują bardziej różnorodny program: piłkę nożną, nowsze przeboje kinowe i talk show. Maniak telewizyjny może sobie założyć telewizję satelitarną lub kablową.

Francuskie kino

... i właściwy język, aby o nim rozmawiać!

Mes films préférés sont...	Moje ulubione filmy to...
les comédies.	komedie.
les policiers.	kryminały.
les drames psychologiques.	dramaty psychologiczne.

les filmes étrangers.
les thrillers.

filmy zagraniczne.
dreszczowce.

Można powiedzieć „les films noirs".

les psycho-thrillers.
les films d'action.

thrillery psychologiczne.
filmy akcji.

Il y a des bandes annonces ?
Czy są jakieś trailery/zwiastuny?

Le film est en version originale sous-titrée ?
Czy film jest wyświetlany w wersji oryginalnej z napisami?

La séance est à quelle heure ?
O której (godzinie) zaczyna się seans?

Kręcenie filmów we Francji jest sztuką, a także bardzo popłatnym zajęciem. Paryskie „cinémas d'art et d'essai", kina sztuki, oferują największy na świecie wybór filmów klasycznych, zagranicznych i przebojów kasowych. Najnowsze hity można też obejrzeć w multipleksach, np. na Polach Elizejskich.

– T'as aimé le film ? Podobał ci się film?
– Oui, surtout les effets spéciaux.
Tak, szczególnie efekty specjalne.

*M*amy z Francuzami wiele wspólnych gestów, np. witając się – kiwamy głową, żegnając się – machamy dłonią, gdy jest nam zimno – obejmujemy się i rozgrzewamy, pocierając dłońmi ramiona, gdy jest gorąco – wachlujemy się dłonią i tak dalej. Poniżej pokazaliśmy kilka gestów, których być może nie znasz...

Udało się!

„Ouais !"
Hura!

Super! Fantastycznie!

„Super !"
Genialnie!

Pychota!

„Miam miam !"
Hmm.

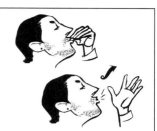

Żartujesz!

„Complètement cinglé !"
Chyba zwariowałeś!

Jesteś pijany!

„Complètement bourré !"
Kompletnie nawalony!

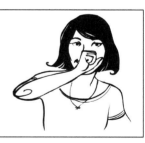

Bądź cicho!

„Ta gueule !"
Zamknij się!/Zamknij gębę!

Rozdział 13

Pieprz się!

Klasyczny francuski gest, nazywa się go „bras d'honneur" (tzn. honorowe ramię). Zrozumiałe także bez słów.

Pieprz się!

Gest międzynarodowy. Tutaj słowa też nie są potrzebne...